Inhalt

Das Kyoto-Protokoll (Januar 2005)

Kernthesen

Beitrag

Fallbeispiele

Weiterführende Literatur

Impressum

GENIOS WirtschaftsWissen Nr. 01/2005 vom 10.01.2005

Das Kyoto-Protokoll (Januar 2005)

I.Zeilhofer-Ficker

Kernthesen

- 1997 haben sich die Industriestaaten mit dem Kyoto-Protokoll zur Reduzierung der Treibhausgasemissionen verpflichtet.
- Erst durch die Ratifizierung durch Russland im November 2004 wurden die Voraussetzungen geschaffen, dass das Protokoll im Februar 2005 in Kraft treten kann.
- Um die vereinbarten Reduktionen von Treibhausgasemissionen zu erreichen, kommt dem im Januar 2005 beginnenden Handel mit CO_2-Emissionszertifikaten eine Schlüsselfunktion zu.
- Damit die durch Treibhausgase

verursachten Klimaänderungen in einem verträglichen Maß gehalten werden können, ist zusätzlich eine Wiedereinbindung der Vereinigten Staaten sowie eine Reduktionsvereinbarung mit den aufstrebenden Schwellenländern unerlässlich.

Beitrag

Historie des Kyoto-Protokolls

Am 18. November 2004 ist Russland offiziell dem Kyoto-Protokoll beigetreten. Damit wurde der Grundstein dafür gelegt, dass das Protokoll endlich in Kraft treten kann. (1)

1997 kamen die Länder der Welt zur UN-Klimakonferenz nach Kyoto, um dort ein Dokument zu verabschieden, mit dem sich die Industrieländer verpflichteten, bis zum Jahr 2012 den Ausstoß von Kohlendioxid, Methan, Distickstoffoxid, teilhalogenierten Flourkohlenwasserstoffen, perflourierten Kohlenwasserstoffen und Schwefelhexaflourid um 5,2 Prozent gegenüber den Werten von 1990 zu senken. (1), (2), (3)

Grundlage des Protokolls war die Klimaschutz-Konvention 1992 in Rio de Janeiro, in der vereinbart wurde, dass der Treibhausgasausstoß soweit begrenzt wird, dass sich die Öko-Systeme auf natürliche Weise den Klima-Änderungen anpassen können und die Nahrungsmittel-Erzeugung nicht bedroht wird. (2)

Damit die Verpflichtung in Kraft treten kann, war die Ratifizierung von mindestens 55 Ländern, die zusammen für mindestens 55 Prozent der Treibhausgasemissionen verantwortlich sind, notwendig. Mit dem offiziellen Beitritt Russlands als 128. Land ist diese Schwelle erreicht, sodass das Protokoll am 16. Februar 2005 rechtsverbindlich wird. (2), (4)

Klimawandel durch Treibhausgase

Es ist mittlerweile eine unbestrittene Tatsache, dass die vom Menschen freigesetzten Treibhausgase für die fortschreitende Erwärmung des Erdklimas verantwortlich sind. So konnten Klimaforscher beispielsweise belegen, dass der Jahrhundertsommer 2003, der Zehntausenden von Menschen in Europa das Leben gekostet hat, eine Folge der Luftverschmutzung war. (5)

Naturkatastrophen verursachten im Jahr 2003 Schäden von rund 60 Milliarden US-Dollar weltweit. Doch die Prognosen sind noch schlimmer: das Deutsche Institut für Wirtschaftsforschung schätzt, dass der Klimawandel in den kommenden 50 Jahren bis zu 214 Billionen Dollar kosten könnte. (6), (7)

Die finanziellen Schäden sind allerdings nur die eine Seite. Die andere Seite ist das menschliche Leid, das jede Katastrophe mit sich bringt, die Tausenden von Toten und Verletzten, die plötzlich heimatlos werdenden Flüchtlinge und die große Armut, die meist damit einher geht. (8)

Mit der Unterzeichnung des Kyoto-Protokolls haben die Unterzeichnerstaaten belegt, dass sie sich ihrer Verantwortung für diese Katastrophen bewusst sind, und ihre Bereitschaft erklärt, Maßnahmen dagegen zu ergreifen. Von den großen Emittenten der Treibhausgase sind einzig die USA und Australien (noch) nicht bereit, sich den Reduktionsverpflichtungen zu unterwerfen. (4)

Die Vereinbarungen des Protokolls

Ziele

Alle Unterzeichnerstaaten haben sich verpflichtet, ihre Treibhausgasemissionen, vor allem von Kohlendioxid (CO2), gegenüber den Werten von 1990 zu senken. Der Beitrag der einzelnen Länder ist entsprechend der jeweiligen industriellen Voraussetzungen unterschiedlich. Im Durchschnitt soll sich bis 2012 eine Reduzierung um 5,2 Prozent weltweit ergeben. (1)

Die Europäische Union hat sich zur Senkung um 8 Prozent verpflichtet, wobei auch hier die Lastenverteilung auf die einzelnen Länder differiert. Die BRD will bis 2012 CO2-Emissionen erreichen, die 21 Prozent unter dem Wert von 1990 liegen. Eine Reduzierung von 19 Prozent konnte bis jetzt bereits realisiert werden. (3), (4)

Da diese Reduzierung nur ein erster Schritt sein kann, wurde vereinbart, schon im Jahr 2005 mit Verhandlungen über den Zeitraum nach 2012 zu beginnen. Bisher sind nur die Industrieländer von Reduktionsverpflichtungen betroffen. Aber für künftige Perioden ist eine Einigung darüber notwendig, wie die Emissionen von aufstrebenden Schwellenländern wie China, Indien oder Brasilien unter Kontrolle gebracht werden können, ohne deren wirtschaftlichen Aufschwung zu behindern. (9)

Alle Beitrittsländer müssen über ihre Treibhausgas-Emissionen sowie über Maßnahmen zum Klimaschutz berichten. Eine Anrechnung der CO2-Senken, also von Wäldern die durch Bindung von Kohlendioxid zur Reduzierung der Belastung beitragen, ist möglich.(9)

Vereinbarte Mechanismen

Als wichtiges Instrument zur Reduzierung von CO2 gilt der im Januar 2005 in der EU beginnende Handel mit Emissionszertifikaten. In Europa werden an rund 5 000 Unternehmen der Branchen Energie, Eisen, Fasern und Papier Berechtigungsscheine für CO2-Emissionen ausgegeben. In Deutschland erhalten 1 860 Betriebe Zertifikate, die den Ausstoß von insgesamt 495 Millionen Tonnen CO2 erlauben. (10), (11)

Die zugeteilten Mengen entsprechen grob den jetzigen Emissionen. Modernisiert ein Betrieb seine Anlagen dahingehend, dass der Kohlendioxidausstoß reduziert wird, kann er die überschüssigen Zertifikate verkaufen. Andererseits können Unternehmen, die höhere Emissionen als zugeteilt verursachen, Zertifikate zukaufen. Jedes Unternehmen muss die

CO2-Emissionen überwachen und für entsprechend ausreichende Zertifikate sorgen. Wird bei Prüfung festgestellt, dass zu wenige Zertifikate vorhanden sind, so wird eine Buße von 40 Euro pro Tonne CO2 fällig. (3), (10)

Die Zertifikate für die Periode 2005 bis 2007 werden kostenlos ausgegeben und verlieren zum Ende der Periode ihren Wert. Für die Periode 2008 bis 2012 wird die Menge der Zertifikate reduziert, um die Reduktionsziele zu erreichen. Die Zeit ab 2005 dient vordringlich zur Etablierung eines funktionierenden Prozesses sowie der Erfahrungssammlung. (3)

Der Emissionshandel soll dazu führen, dass CO2-Reduzierungen dort verwirklicht werden, wo sie am kostengünstigsten erzielt werden können. Von diesem marktwirtschaftlichen Instrument erhofft man sich schnelle und wirksame Erfolge. (10)

Da es für das Weltklima keine Rolle spielt, wo auf der Welt CO2 eingespart wird, wurde die Möglichkeit von Joint Implementations und von Clean Development Mechanism (CDM) eingeräumt. Führt ein Unternehmen ein Projekt, das CO2-Emissionen reduziert, in einem anderen Vertragsstaat durch, der auch zur Reduzierung verpflichtet ist, so spricht man von Joint Implementations. Erfolgt die Maßnahme in Entwicklungsländern ohne Reduktionsziele wird das

Clean Development Mechanism genannt. In beiden Fällen werden die Einsparungen den durchführenden Unternehmen gutgeschrieben. (3), (10), (www.unfccc.de)

Offene Fragen

Während Optimisten das In-Kraft-Treten von Kyoto als den Durchbruch schlechthin feiern, warnen Skeptiker, dass die Kyoto-Verpflichtungen nicht einmal ausreichen würden, um die Emissionen von China aufzufangen. Höhere Preise für die fossilen Energien bzw. ein radikaler Energiewandel hin zu regenerativen Energien würden viel eher zur Treibhausgasreduzierung führen. (12), (13)

Eine Schlüsselrolle für den Erfolg von Kyoto liegt in der Einbindung der Vereinigten Staaten. Gelingt es dem Staatenbund, die USA ins Kyoto-Boot zurückzuholen, könnte Kyoto ein Meilenstein für den weltweiten Umweltschutz werden. Höhere Ölpreise und erneuerbare Energien wären sicher willkommene Helfer im Prozess. (12)

Fallbeispiele

Der Handel mit Emissionszertifikaten verspricht für Börsen und Makler ein lukratives Geschäft zu werden. In Europa interessieren sich allein sieben Börsen, darunter die Nordpool (Skandinavien), die European Energy Exchange (EEX Leipzig) und die International Petroleum Exchange (IPE London) für den Handel mit CO_2-Papieren. (10)

Der Emissionshandel dürfte für Russland der gewichtigste Grund für die Kyoto-Ratifizierung gewesen sein. Denn durch den Zusammenbruch der russischen Staatsindustrien sanken die Treibhausgasemissionen beträchtlich. Trotz des jetzigen wirtschaftlichen Aufschwungs liegen die russischen Emissionswerte immer noch rund 30 Prozent unter dem Wert von 1990. Das bedeutet Emissionsrechte, die Russland in großem Stil lukrativ vermarkten kann. Selbst wenn der jetzige Preis von um die 9 Euro pro Tonne CO_2 dadurch kräftig sinken würde, könnten die erzielten Finanzmittel einen kräftigen Schub für die russische Wirtschaft bedeuten. (19), (20)

In den USA formieren sich mittlerweile verschiedene Initiativen, die das kategorische Nein der US-Regierung zu den Kyoto-Verpflichtungen unterwandern. IBM, Ford, die Stadt Chicago und weitere 72 Unternehmen unterwerfen sich seit 2003 freiwillig aber rechtlich bindend einer Emissionsreduzierung. Allein in 2003 wurden 9 % der CO_2-Emissionen eingespart. Innerhalb dieser Initiative werden Emissionszertifikate zu einem Preis von ca. 1,50 Dollar pro Tonne CO_2 gehandelt. (20)

Mehrere US-Bundesstaaten planen, sich dem Kyoto-Prozess zu unterziehen und wollen bis spätestens im Jahr 2008 einen Emissionshandel aufbauen. Zusätzlich wurde gegen fünf private Energieversorgungsunternehmen Klage eingereicht. Sie sollen gerichtlich zur Reduktion von CO_2-Emissionen gezwungen werden. Durch viele unterschiedliche Einzelstaatenregelungen soll Druck auf die Industrie aufgebaut werden, der zum Ruf nach einer bundeseinheitlichen Gesetzgebung basierend auf Kyoto führen soll. (18), (21)

Weiterführende Literatur

(1) O. V., Putin billigt Kyoto-Protokoll, Süddeutsche Zeitung, 06.11.2004, Ausgabe Deutschland, S. 9 aus Frankfurter Rundschau v. 06.11.2004, S.43, Ausgabe: R Region

(2) O. V., Das Kyoto-Protokoll und seine Folgen, Frankfurter Neue Presse, Gemeinsame Ausgabe vom

06.12.2004, S. 5
aus Frankfurter Rundschau v. 06.11.2004, S.43, Ausgabe: R Region

(3) Einführung eines EU-weiten Emissionshandels - Die Richtlinie 2003/87/EG
aus Europäische Zeitschrift für Wirtschaftsrecht, Heft 02/2004, S. 39

(4) Rußland hat die Vereinbarung ratifiziert - Wo liegen die Chancen und Schwachstellen? Das Kyoto-Protokoll tritt in Kraft
aus Die Welt, Jg. 59, 06.11.2004, Nr. 261, S. 24

(5) Becker, Markus, Menschen mitschuldig an tödlicher Hitzewelle, Spiegel Online, 01.12.2004
aus Die Welt, Jg. 59, 06.11.2004, Nr. 261, S. 24

(6) Klimafolgen kosten 60 Mrd US-$
aus Versicherungswirtschaft, 1.1.2004, 59.Jg., Nr. 01, S. 39

(7) Klimawandel verursacht Schäden in Billionenhöhe
aus Frankfurter Allgemeine Zeitung, 14.10.2004, Nr. 240, S. 11

(8) Humml, Simone, Klima-Gipfel in Buenos Aires, Frankfurter Neue Presse, Gemeinsame Ausgabe vom 06.12.2004, S. 5
aus Frankfurter Allgemeine Zeitung, 14.10.2004, Nr. 240, S. 11

(9) Ungewisse Zukunft im "Kyoto"-Prozess

Klimakonferenz diskutiert über die Zeit nach 2012
aus Neue Zürcher Zeitung, 06.12.2004, Nr. 285, S. 5

(10) Geld verdienen mit der globalen Erwärmung EU-Handel mit CO2-Zertifikaten startet im Januar 2005
aus Neue Zürcher Zeitung, 02.12.2004, Nr. 282, S. 33

(11) Bundesregierung muß bei Verteilung von Verschmutzungsrechten nachbessern - Industrie protestiert Schmutziger Rechenfehler
aus Die Welt, Jg. 59, 04.12.2004, Nr. 285, S. 11

(12) Klimaschutz Das Gute am Ölpreisanstieg
aus Die Welt, Jg. 59, 06.12.2004, Nr. 286, S. 12

(13) Der Lohn des Mutes - Gestaltungsspielräume für eine internationale Klima- und Energiepolitik
aus Internationale Politik, Heft 8/2004, S. 29 - 38

(14) Abel, Reimund, „Umsetzung von Kyoto ist Herkulesaufgabe", Stuttgarter Nachrichten, 03.12.2004, S. 7
aus Internationale Politik, Heft 8/2004, S. 29 - 38

(15) O. V., Vorteile des Flugverkehrs abbauen, Spiegel Online, 02.12.2004
aus Internationale Politik, Heft 8/2004, S. 29 - 38

(16) «Klimawandel ist ein Energiewechsel-Problem»
aus netzeitung.de vom 04.11.2004

(17) Die Klimadiplomatie hofft nun auf die Vereinigten Staaten

aus Frankfurter Allgemeine Zeitung, 25.11.2004, Nr. 276, S. 15

(18) Rumpf, Matthias, Gegenwind im Kampf um das Klima, Welt am Sonntag, Jg. 57, 05.12.2004, nr. 49, S. 10
aus Frankfurter Allgemeine Zeitung, 25.11.2004, Nr. 276, S. 15

(19) "Kyoto" als Chance für Russlands Wirtschaft Beschleunigte Modernisierung dank Joint Implementation
aus Neue Zürcher Zeitung, 23.10.2004, Nr. 248, S. 23

(20) Beguelin, Philippe, Anlegen mit Emissionszertifikaten: Börsenhandel in den USA, Finanz und Wirtschaft, 11.12.2004, S. 13: KAPITALANLAGEN
aus Neue Zürcher Zeitung, 23.10.2004, Nr. 248, S. 23

(21) Oldag, Andreas, Nur das Wachstum zählt, Süddeutsche Zeitung, 06.12.2004, Ausgabe Deutschland, S. 22
aus Neue Zürcher Zeitung, 23.10.2004, Nr. 248, S. 23

Impressum

Das Kyoto-Protokoll (Januar 2005)

Bibliografische Information der deutschen Nationalbibliothek

Die Deutsche Nationalbibliothek verzeichnet diese Publikation in der deutschen Nationalbibliografie; detaillierte bibliografische Daten sind im Internet über http://dnb.d-nb.de abrufbar.

ISBN: 978-3-7379-1447-5

© 2015 GBI-Genios Deutsche Wirtschaftsdatenbank GmbH, Freischützstraße 96, 81927 München, www.genios.de

Alle Rechte vorbehalten. Dieses Werk ist einschließlich aller seiner Teile – z.B. Texte, Tabellen und Grafiken - urheberrechtlich geschützt. Jede Verwertung außerhalb der Grenzen des Urheberrechtsgesetzes bedarf der vorherigen Zustimmung des Verlags. Dies gilt insbesondere auch für auszugsweise Nachdrucke, fotomechanische Vervielfältigungen (Fotokopie/Mikroskopie), Übersetzungen, Auswertungen durch Datenbanken oder ähnliche Einrichtungen und die Einspeicherung und Verarbeitung in elektronischen Systemen.